Rainar Nitzsche: OM

AF189118

Der Autor

Dr. Rainar Nitzsche wurde am 27.12.55 in Berlin geboren, ging im Saarland zur Schule und lebt in Kaiserslautern, wo er Biologie studierte und über Brautgeschenke bei Spinnen promovierte. Er ist gelernter Buchhändler und gründete 1989 den Rainar Nitzsche Verlag. Seit 2015 veröffentlicht er seine Bücher nicht mehr im eigenen Verlag, sondern als Autor bei BoD, bookrix und neobooks. Bisher von ihm erschienene belletristische Werke (Jahreszahl der Originalausgabe): LYRIK: *wir ... menschen der erde* (1982), *Die Zeit der Bäume* (1992), *OM oder das Rauschen der scheinbaren Leere* (1994), *Klang über den Meeren der Zeit* (1996), *Ewig sein in Stille* (2006). PROSA: Die Pfadwelten: *Der Leuchtende Pfad des Magiers* (1998), *Wandlungen der Drei* (2004), *Wüsten-Berges-Himmels-Weiten* (2005), *Ins All - Im Eins* (2005) (Fantasy, Reise durch die Bioregionen und Kulturen der Erde und den Kosmos). Thematisch geordnete Sammelbände fantastischer Kurzprosa: Die Mondtrilogie: *Ruf der Mondin* (1992), *Im Licht der Vollen Mondin* (1996), *Mondin-Schein und Sein* (2001) (Nachtgeschichten), *Aton - Vater Sonn* (2001) (Taggeschichten), *Still riefen uns die Sterne* (2001) (Kosmische Kurzprosa und Lyrik), *Spiegelwelten deiner Seele* (2001) (Spiegelungen), *Spinnentraumgespinste* (2007) (Spinnengeschichten), *Das Schlafende steht auf aus seinen Träumen* (2010) (Fantastisches), *Von Engeln, Erleuchtung und Ewigkeit* (2006) (meditative Texte). Fantastisches und Horror unter dem Pseudonym Olaf Olsen: *Die Meere des Wahnsinns* (2005), *Höllen-Fahrten-Leben-Träume* (2005), *ES bricht hervor aus di*r (2006). Seit seiner Jugend fotografiert Rainar Nitzsche vor allem Insekten und Spinnen, die sich in seinen Sachbüchern, u. a. *Spinnen-Spiegelungen in Menschen-Augen* (2004), *Spinnen kennen lernen* (2012), *Spinnen lieben lernen* (2013), *Spinnen-Sex und mehr (2015),* aber auch verfremdet in seinen Kunstbüchern wiederfinden: u. a. *Spinnenkunstwelten 2* (2010), *Spinnen fantastisch verfremdet* (2016). Weitere neuere Kunstbücher: *Aliens* (2016), *Höllenkunst* (2017).

Rainar Nitzsche

OM

oder

Das Rauschen der

scheinbaren Leere

Meditative Lyrik

Die Deutsche Nationalbibliothek verzeichnet diese Publikation in der Deutschen Nationalbibliografie; detaillierte bibliografische Daten sind im Internet über dnb.d-nb.de abrufbar.

Impressum

Rainar Nitzsche

OM oder Das Rauschen der scheinbaren Leere

2. überarbeitete Auflage in neuer Rechtschreibung

(1. Auflage 1994 im Rainar Nitzsche Verlag)

Frontcover: OM-Symbol, aus *Lexikon der fernöstlichen Weisheitslehren*, verändert von Rainar Nitzsche durch Hinzufügen von AUM

Computersatz: Dr. Rainar Nitzsche

© 2017 Herstellung und Verlag:

BoD – Books on Demand, Norderstedt

ISBN 9783744869003

Vorwort

Liebe Leserin, lieber Leser,

zunächst ein paar Worte zur Bedeutung der Grafik und dem Begriff OM, AUM, Pranava. OM ist die heilige Silbe, mystisches Mantra, das mächtigste von allen, denn seine Kraft allein schon kann Erleuchtung bringen! Essenz von Wortlaut und Klang, Essenz unseres Universums, Geist des Brahman, drei in einem, gesungen A-U-M, die Dreiheit: Brahma, Vishnu, Shiva oder Agni, Varuna, Marut, die Einheit der Dreiheit von Schöpfung, Erhalt und Zerstörung. Drei verbundene Kurven, das sind die Welten des Wachbewusstseins, des Träumens und des Tiefschlafs. Außerhalb aber steht der Punkt, Turiya, das Vierte, ohne dass es kein Denken, kein Symbol und kein Universum gäbe. Er ist das höchste Bewusstsein, das Selbst, das die anderen drei beleuchtet und sie durchdringt. Der Halbkreis steht für Unendlichkeit, er macht dich klein, denn nie wird dein begrenztes Denken das höchste Bewusstsein erfassen. Oder einfach: Om ist der Bogen, der deinen Geist als Pfeil zu Gott, Brahman schießt. Dein Körper vibriert und hallt, wenn du ausatmend OM erklingen lässt, und stärkt das Gute in dir.

Dieses Buches enthält meditative Texte, die zwischen 1975 und 1993 entstanden sind. Zur Rechtschreibung: große (?) Worte in kleinen Buchstaben. Sonn steht für Sonne, weil *er*, unser Schöpfer männlich ist und *sie*, die Erde, unsere Mutter befruchtet. So wurden *wir*. Und aus ihr dort oben, ehemals Teil der Erde, aus Mond wird unsere Schwester Mondin.

Ein Lesetipp: Am besten die Worte in Ruhe lesen, in Stille wirken lassen, dem Klang, dem Lied lauschen, die Bilder sehen!

Ihr Dr. Rainar Nitzsche, Kaiserslautern, Juli 2017

meinen eltern und großeltern
und allen
die vor mir waren
und mich zum leben erweckten

einsame seelen
segne o nacht uns einsame ...
die erst erwachen
zu liebendem sprechen
wenn nächtlich die brunnen reden
einsame seelen
zu einsamen
paul seiler, mein urgroßvater am 11.1.1901

dank
den wesen neben mir
die mir den atem gaben
auch den mund und die schrift
diese worte zu formen

INHALT

EINKLANG

der himmel ist grenzenlos
und die liebe ewig

a chinese ghost story

die leere

das ist der weg

und der weg

das ist die leere

die leere hat gutes

nichts böses

es gibt weisheit verstand und den weg

und es gibt die leere

musashi

den himmel durchträumend

kann kein schrei ihn wecken

musashi

OM

singe den klang
den kosmischen ton

durch deinen körper
ein beben ein schwingen im geist

der weise

tausend löcher hat deine seele
sprach der weise
sage mir junger mann
wie willst du da das leben schöpfen?

es sind dies
neid und hass hochmut und eile
dein schielendes auge nach dem ruhm

drei dinge gebe ich dir zur heilung
nimm hin die kerze und die stille
und das wort aller worte om
auf dass deine seele heile

om

sprich das wort
tief und still in dich hinein

fühle
deinen körper
beben

sich öffnen die räume
dem licht

VOM SCHREIBEN

hirngespinste?
oder cogito ergo sum 2

ich denke es

also ist es

tausend namen

tausend namen
hat meine seele

schreib!
spricht sie
schreib!

und ich schreibe

schlafende worte

schlafende worte
sind wieder geworden
gedanken

aus ihnen geboren
hier wartet
die tat

lyrik

worte
wie sterne in klarer nacht

sätze
gewoben aus träumen von licht
gedankennetze

so soll lyrik sein

lesung

und ist es nur ein mensch
den wir erreichen mit unseren gedanken
gebären sein lächeln sein denken erregen
so waren nicht umsonst unsere worte
so wuchsen wellen aus uns
zentrum geworfenen steines

du fragst

du fragst mich nun
wie wann und wo?
du meinst die worte die bilder in mir?

ich sage dir
die antwortet lautet
S T I L L E
denn stille ist klang
ist wort ist wissen ist sein

dort fielen mir zu meine bilder
auf den wegen die ich schritt zu fuß
auf den fahrten im eisenbahnwagen
nach irgendwo

irgendwo

irgendwo
im zentrum der schwärze
ist ein denken
ein aus sich strömendes wissen

von dort
schwärmen aus gedanken

die fing ich auf
von zeit zu zeit

des dichters angst

stumm

sterben die worte

im innern

wo gestern noch

klang

weit

weit fliegen wie segel
gedanken
in zitternde räume

wer bringt sie mir wieder?

DRINNEN BEI DIR

mein reich

tritt ein
in mein reich
und schau

es ist das leben
so voller wunder

und lausche still
dem klang
der schwarzen nacht

licht-spiegel-tee

flammendes rot
tanzendes licht im leuchtenden kreis
schimmert über dunkler fläche
zittert in meinem munde

und heiß erfrischt
mein ich

sanfte flamme

berühre
mein herz
sanfte flamme

fühle
meine stirn

werde
ich

DRAUSSEN IN STADT UND NATUR

sonn

den sonn sehen

atmen

und trinken

die klaren wasser der erde

regen fühlen

auf nackter haut

komm!

komm
lass uns halme sein
gräser im gräsernen meer

wege und wildnis

wege
in wachsende wildnis

wachsende wildnis
in den wegen

wildnis
in wachsenden wegen

tagpfauenauge

mein schatten fiel

am morgen

über dein leuchtendes auge

geliebtes abbild

meiner seele

sommer

nur heuschrecken zirpen
in der nacht

und grillen singen
ihr lied

wo stille ist
in mir

wo warst du?

frage

von mir an mich

wo warst du?

ich komme aus mir

denn ich lag im walde

denn ich tanzte im herbstlichen sonn

im walde

wirbelnde fliegenbalz auf buchenherbstblatt
wirbelnd wirbelndes laufen
sprung und ... paarung

winziges leben
im herbstlichen sonn

zwergspinnen
seilen sich ab von den bäumen

still ruht
mein ich
im lichte dieses tages

winterabend

weiße reihe laternenlicht
rot-grünes glühen der ampeln
über dir grauen wolken
durchreisen das dunkel der nacht

november

so schweben leise
die blätter

singt der wind
ein rascheln
in den kronen

von fern
die krähen krächzen

sonnenhell und kühl
der tag

eisregen

bläulich flackerndes licht

der drache mit den drei gelben augen
ist eingefahren in seine höhle
die wartenden steigen ein

ich sitze im zug
und schreibe

nachts wenn ...

nachts
wenn züge über schwellen gleiten
und lichterketten dann silhouetten
als inseln schweben

im dunkel der nacht
bist du erwacht
du stadt der erde

VON ZIELEN UND WERTEN

ziel in weiter ferne

umweltwahrnehmung

denken und fühlen

handeln

eines jeden lebewesens

zu erfassen

gleich dem eigenen erleben der welt

aus stillen augen

aus stillen augen
tropfen tränen
fragen leise nach dem sinn

in stillen augen
tanzen feuer
lachen laut und singen leise

ich bin gekommen

du
sagte ich
zu mir

ich bin gekommen
dir zu sagen
wer du bist

gestern

gestern
fand ich wieder
meinen weg

den ewigen weg

einst verloren
in den wirren der tage

weg zu mir
in die inneren räume
aus licht

gut und böse

zwischen gut und böse
ist nur
ein hauch von luft

ein sturm kommt auf
und alles wirbelt

nur mut!

da bist du
durch die mauern des nichts gesprungen
ins leben hinein

und hast nun angst
vor diesen winzigen schranken
?

erwache!

sei ein drehendes geschoss

schraube dich ein kopf-voran

in die hügel vor dir

die da warten seit jahren

wirf erde hinter dich

sei wirbelnder kreisel

pflug durch träge masse

von nähe und mitte

einst war ich
so nahe dem wahnsinn
so nahe dem alltag der meisten
so nahe der erleuchtung

ich lief an allem vorbei

es gilt die mitte zu wahren
zentrum des kreises zu sein
nur dort sind die wege
offen nach allen seit

lehre!

ich dir
du mir
wir uns

alle allen

wahrheit

wir lieben die wahrheit

wahrheit heißt
das zu zeigen was du fühlst

wahrheit heißt
das zu sagen was du denkst

wahrheit heißt
das zu handeln was du willst

wir suchen

wir suchen
das leben zu verstehen

wir suchen
und finden uns nicht

wir suchen in uns
und finden nichts

wir suchen
...

frage

du fragst

nach dem sinn

den zusammenhängen

den korrelationen

der kausalität

vielleicht

findest du sie

irgendwo verlassen im nebel

über den bergen

in den strahlen des sonn

in den sternen

im raum der leere

...

wer weiß !?

hesse und rainar

suchen heißt
ein ziel haben

finden aber heißt
frei sein

finden wir
die liebe das glück das leben

ich du er sie
wir
menschen der erde

sich fallen lassen

die angst
überwinden
sich fallen lassen

einverstanden sein
sich treiben lassen
vom leben

die größe

die größe

des menschlichen geistes

besteht

im erahnen seiner winzigkeit

innerhalb der unendlichkeit des raumes

stärker als das wort

stärker als das wort
der gedanke

stärker als der gedanke
das vollkommene weiß
das vollkommene schwarz
die vollkommene stille
in dir

sehen

sage mir

was du siehst

und ich sage dir

wer du bist

gedankenschwert

aus seinen hieben

wächst

der geist

bestandsaufnahme

wissen wir etwas?

wir wissen nichts!
wir ahnen

...

erkennen

erkennen

dass

dunkel licht

und

stille kraft

heißt

beginnen zu leben

sinn des lebens

wir lieben die welt
wir lieben das leben
unser sinn sind wir

leben will leben
immerfort
doch leben ist
ewiger wandel

BLIND UND SEHEND

seher

fraget den seher!

denn er sieht
die verschlungenen pfade leuchten
hier und dort im morgenlicht

I/II

I

aus den zeiten

brach

das licht

II

so blind so blind

wir menschen sind

blindenhund

sei mein auge
führe mich
durch die nacht

der blinde

also sprach der blinde zu den anderen menschen

kommt reicht mir eure Hände

dass ich euch zeige die welt

in all ihren farben

die ihr verloren habt

ihr die ihr euch sehende nennt

blind taub und stumm

wenn schwärze ist
wo ist dann sehen?
hörte ich den stummen fragen

dunkel ist licht!
schrie da der blinde
dem tauben zu

beginn

bilder

durchströmen meinen geist

der körper ruht in stille

farben landschaften und formen

ich sehe

beginne zu ahnen

und es fiel licht

und es fiel licht
aus den schwarzen toren
der nacht

aus dem gestern der zeit
und von den sternen

DIE GITTER DER ZEIT

ausbrechen

ausbrechen!
schreien die toren
und

betreten
den anderen käfig

kristall in mir

in meinem innern
brandet das licht
gegen spiegelnde wände

sehnsucht
lautlos der schrei
nach freiheit

deine seele

ich bin

schreit deine seele

tief in dir

und rüttelt an den gittern

die du gebaut im alltagtrott

ich bin

schreit deine seele

tief in dir

und rüttelt an den gittern

so ist das leben

so ist das leben ein schrei

und du hörst ein lachen
aus den räumen hinter der zeit

so ist es dein lachen
das da weint

in die falle

in die falle
des lebens
geboren

zeitraumgitter
schau von innen
sehnsüchtige hände

zuckender lichtstrahl
der außenbereiche

gitter in uns

ungeheuer
die gitter um uns in uns
aus raum und zeit

wir handeln
wie wir handeln müssen
und denken
dass der wille frei
weil wir so denken müssen

marionetten

lausche
dem gesang der gleise
leise
fallen worte
wie schnee
über die lichter
der nacht

du gehst den weg
den sie dir wiesen
sie fesseln dich so sanft

die fäden der zeit

der schrei

brausend branden strahlende feuer
treffen die gitter
kristall in dir
und schreien

licht
in spiegeln sich spiegelnd
gefangen einst für ewig
und ewiges leuchten
in mir

es kommt

es kommt was kommen muss
es kommt unaufhaltsam
es stürzt auf dich zu

sei still und schau
denn du kannst nicht fliehen

dort durch diese tür wird es kommen
dein leuchtendes morgen

schau
dort im dunkel
das schimmernde licht

zeit zeit zeit

zeit zeit zeit
es schreit

und falten fallen
über die haut
die wangen hohl

so sitzt du da
ein leuchten in der stirn

vor dir
im roten licht
schreibt leise
eine feder auf papier
dein denken

so sitzt du da
stumm fällt ein lächeln dir
aus deinen augen

wie licht
in das dunkel

ist dort
wo sterne sind

dein weg ins licht

abstreifen

die graue hülle

die alte kranke haut

im gestern

lächelnd heraustreten

und singend

in dein morgen schreiten

sage das wort!

sage das wort

und zeit

zerbirst

das reißen

das reißen deiner ängste über dem bauch
und du bist frei
ein weißes licht in deinem innern
ein brausender ton
du beginnst zu atmen
erstmals siehst du das eis an den zweigen
erstmals sind menschen neben dir
erstmals bist du du
und ewig bist du das all

leise

leise

flammt auf

goldenes licht

im nervengeflecht

ich sehe

die kontakte sich schließen

und gitter sich heben

in mir

es hat begonnen

und ist folge

ohne ende

bald

werde ich sein

wie nie zuvor

bewegung 1 + 2

1

die weichenden gitter

sich öffnende tore

der rufende schwarze

sternenglänzende raum

2

die strömende kraft

stürzende wellen

ins zentrum

meiner stirn

bleiern

bleiern
fiel mein mund
in ein meer
von zeit

und in der tiefe
fand ich meinen namen
lächelnd still und träumend

und der name
war
m e n s c h

lerne

lerne
in dir selbst
zu ruhen

und du erblickst
den strom
der ist

nicht ist
die andere sicht
die teilt
in raum und zeit

deine worte

deine worte

staub

in den stürmen der zeit

KLANG

sounds

sounds
are merely bubbles
on the surface of silence

john cage

steigen auf blasen
aus stillem meer
irgendwoher

sind raum sind zeit
im steigen
treiben

nenne sie klänge
und lausche

über den meeren

klang liegt
über den meeren
der zeit

und lauschten

und lauschten dem singen
der grünen blätter
so still

und sonn so nah
und licht überall

geboren

geboren
aus den blütenmeeren

vom duft berauscht
lächelnd empor

tanzend
über den wiesen

anfang ohne ende
kreisend kreisend
und lächelnd

krishna menon

im licht der vollen mondin
lauschen dem klang
des fallenden schnees
krishna menon

lauschen im licht
dem klang des fallenden schnees
der vollen mondin

wie gern möcht' ich lauschen
inmitten der mondin licht
dem klang des fallenden schnees

weit

weit
sieht das auge
des falken

leise
singt das gras
der ebene

und wälder lauschen
dem lied der erde

hörst du?

hörst du
das zwitschern der vögel?

so hörst du
die schreie der lust

und das schweigen
der menschen

und das leben
in dir

impression

das schreien
der schienen

ein stimmenchor
aus anderen welten

orgelspiel

bebender ton der erde
klang über der zeit
aus mutter geboren
erst trommellaut
aus tiefen kehlen
ein summen

dom

tief
hallen
orgelklänge

umbrandet gesang
die säulen des doms

hell singt meine seele
im orgelspiel

ich - wir

meine stimme schreit
ICH BIN
und erde erbebt

mein geist brüllt
ICH BIN
und sonn erzittert

unser geist singt
WIR SIND

und all bricht auf
ein lichtermeer

raga bihark

in klarer nacht
im wasser
sich spiegelnd

der sternenhimmel

gesang

der gesang der blätter
in der nacht

wenn wind streichelt
durch laub

aus mir

aus mir
die weite schreit

es singt
ein meer in mir

musik

ist stille und kraft
ist trauer
ist tanz und lachen
und weinen zugleich
ist liebe

nada brahma

schließe deine augen
atme ein das lied der stille
lausche dem gesang der sterne
stimme ein dein selbst
werde eins

denn
die welt ist klang

schau!

schau
die glitzernden spitzen
deines lächelns

höre branden
die wellen der zeit
das flüsternde laub
zitternd das leben

so singt es
und stirbt

und lebt

terra 1-9-8-3

ist
ein weinen

ist
ein lachen

ist
ein brüllend
schweigend
meer

einst und morgen

schlage
du stimme meines herzens

singe
den ewigen ton

ein stottern noch
und ein stammeln
ein halbleises rauschen
ein flackernder schein

doch bald
von tag zu tag und irgendwann
wird brechen klang knospe durch erde
aus mir
in lichterne weite

und tanz und lachen
so alles ist

die redenden - die sprechenden

wellen aus stille

ein lächeln

von zeit

lausche

dem sprechen

der schweigenden menschen

auch die redenden

sagen in den pausen worte

auch ich

redete oft zuviel

und es ertranken die großen worte

in sprudelnder fülle

singt ein lied

singt ein lied
die seele dein

ICH BIN DAS TOR
fällt dir träumend ein
lauschst du deinen klängen

schreiend über weiten wüsten
sahst du mich
sah ich dich

magie

sprich
das wort!

und ein schatten
fällt
über die welt

rasend wie der donner

rasend

wie der donner

schlägt mein herz

draußen hört es auf zu donnern

und mein herz

...

ICH BIN, WIR SIND

wer bin ich?

wer bin ich?
schreist du in die brandende see

und das meer rauscht in deinen ohren
wandelt sich in wispern
ohne ende, hall in dir:
ICH? ... ICH ... ICh ... Ich ... ich ...

ich bin

ich bin
der war

ich bin
der sein wird

illusion

aber ich bin doch
mein eigener
freier mensch

so bin ich doch

ich bin

ich bin ein fels

doch die berge schmelzen dahin

so bin ich ein wort

doch die feuer fressen schrift

so bin ich doch

denn alles ist

vergeht und wird und ist

ich bin der rasende wahnsinn

ich bin

der rasende wahnsinn

und

die lächelnde stille

denn

mein name

ist

mensch

über-ich

oh
wie wächst
mein ich
über mich
hinaus

wer bist du?

wer bist du?

sprach mein geist zu mir
und wandelte sich
in eine schillernde blase
stieg empor
in die klare nacht der sterne

ich

ich
trage
meine meere
in mir
und meine berge

komm!
komm und schau!

der die das

ich bin
der sein wird

ich bin
der schrei
aus der tiefe

ich bin
die ewige frage
nach mir

und ich bin
das da träumt
die welten
und mich

denke nach!

frage von dir an dich
wer bist du?

frage von dir an dich
was willst du?

frage von dir an dich
was wirst du tun
um zu erreichen was du willst
um zu werden der du bist?

ich bin der sein wird

ich bin
der sein wird

ich bin
der schrei
der erwachenden erde

ich bin
das bersten der zeit

schau her
meine hände tragen
das ewige licht

neubeginn

ich habe wieder begonnen
zu sehen
ich habe wieder begonnen
zu hören
ich habe wieder begonnen
zu sein

ich

...

wir

...

(leere)

wir sonn-erden-geschöpfe

wir
sonn erden geschöpfe

der ruf des vaters
in die weite

und die tiefe
der mutter

die uns umschlungen hält
in ihrem schoss

wir sind ein teil

wir sind
ein teil des ganzen

das ganze ist
ein teil von uns

in uns
träumen
alle welten

TRAUMTRAUM

baumtraum

baum-traum
traum-baum

träumt bäume
träumende bäume!
träumt, ihr bäume!
träumt ihr bäume?
träumt ihr, bäume?

ein blättertraum

ein blättertraum
am morgen

strahlt sonn
aus stillem see

fällt ein stein
und wellen
steigen auf libellen

seid leise!

seid leise
weckt nicht den schläfer
der da liegt in seinen träumen
ein lächeln auf den lippen
seine augen zucken

seid leise
weckt nicht mein schlummerndes ich
das da liegt in meinen träumen

seht ihr das tor
es ist das tor meiner seele

einst oder irgendwo

einst oder irgendwo
war mein lachen
sturm

feuer
mein atem
feuer und ... leben

träumend
lag der träumer
träumend und lächelnd
in den abend

und hara
atmete licht

eines nachts

eines nachts träumte ich
die welt wäre verzaubert

als ich erwachte
war es winter
schnee
lag auf den kahlen ästen der bäume

inner spaces

andere wesen träumen andere träume
gigantische träume
himmel und höllen träumen sie
welten kosmen

und wo leben wir?

NACHT UND STERNE

echos

halte mich
schrie der schrei

und stürzte
in tiefe nacht

nacht

nacht habe ich gerufen
nacht kam
schimmerndes wissen von zeit

oh welch ein grollen
meines herzens

welch ein sturm
meine seele erhob

beginn der unendlichen reise

die rasenden schwerter
vor meiner stirn

schlagendes licht bricht
durch die mauern dieser welt

brausend stürzen
in die meere der nacht

bauch und augen und stirn

im zentrum

meines bauches

ruht still

die erde

in meinen augen

brennen

die sterne

gefallen

aus der schwärze

meiner stirn

weiß in schwarz in weiß

der weiße raum
tauch auf
im zentrum deiner stirn

ein schwarzer stern

strahlend weiß
die zeichen in ihm

die du siehst
und nie verstehst

nie zuvor

nie zuvor
sah ich die sterne

dieses leuchten

dies leuchten
nie zuvor

oh nacht

oh
nacht
meiner seele

ich sah
dich stürzen
in schwarze räume

in demut und tränen

neige dein sternengekröntes haupt
küsse den wüstensand
fahre hinab in tiefste tiefen
und singe

du
der du mensch sein willst
steh auf
aus den reihen der lebenden toten
steige auf
in das reich der rasenden wolken

jenseits in weiter ferne
funkeln die sterne
du schaust sie an und weinst
erinnern

drei bilder

du fällst
in einem schacht aus licht
empor

du singst
im chor der tausend blüten
dich neigend dem wind

du weinst
aus deinen tränen
werden sterne

in der nacht

um das feuer
tanzen
die schatten

es ist
das feuer
meiner seele

ruhe

lasst mich ruhen
in den ewigen meeren
der nacht

atme ein!

atme ein
die nacht der nächte

atme ein

und sterbe

STILLE IST

manchmal

manchmal
bricht ein die stille
in die wilden schreie der tage

aus mir steigt auf
ein leuchtendes wissen
ICH BIN

licht in den tagen

stille ist
das säuseln der bäume

junge hoffnungsvolle birke
neben kiefer und buche

sonn im herbst

baldachinspinnen
in den zweigen

klarheit

klarheit in mir
und kraft ungeheuer
steigt auf aus unbekannten tiefen
fällt herab
aus höhen der unendlichkeit

also gewappnet
wird ich
zum sein voll ruhe

und zeit und raum und sturm
rollen heran
vorbei an dir
dem zentrum des seins

innen

in den inneren räumen
aus licht

singt still die kraft
die wächst e m p o r
und wartet
...

flügel meiner ruhe

flügel
meiner ruhe

manta sein im sonn
grün rauschend im sturm

das schweigen

das eine sind worte

das andere tränen
die deine augen weinen
wenn seele zittert

so schreist du nie mehr
denn ewig stumm
sind
die da reden

mein ich

ein sandkorn
an den stränden
der meere

und still
die see

werden und sein

nichts ist ewig

alles ist ewig

und stille

und

s t i l l e

brach ein

in den tag

ERLEUCHTUNG

berühre das auge
meiner stirn
licht
mit deinem geist

was ist es?

sage mir, was es ist ?

oh
es ist ein brennender stern
gerade soeben hat er sich entzündet

ein brennender stern?
ein erleuchteter mensch?

ein brennender mensch!
ein erleuchteter stern!

alles zugleich
alles eins

zen

aus dem fenster des fahrenden zuges blicken
und s e h e n
feld baumpaar acker feld
rasend ziehen die bilder vorbei

dann sehen jenseits von begriffen
oh ... oh ... oh!
lächelt dein wahres selbst

dune und rainar

wenn das schlafende erwacht in dir

dann ...

lässt du dich nieder in den sitz des lotos

dann ...

atmest du ein die große leere

dann ...

aus tiefsten tiefen

abendsonn-leuchten
öffnet sich
- und schrei -
das zentrum deiner stirn
ajna chakra

atme aus!
die schlange erwacht in der tiefe
blitz entrollt in höchste kopfeshöhen

so wächst du über dich hinaus

falle

falle
die weinenden hänge
empor

schau
in die gipfel aus licht

tränen
sind blüten am seelenbaum
sind lachen im sturm

so viele worte
wurden geschaffen

wo alles
ist
eins

einst

einst
war mein lächeln
stille
und klang zugleich

buddha
nannten mich
die menschen

STERBEN UND TOD

man sollte

man sollte
öfters sterben

um staunend zum leben
wieder zu erwachen

und fliegen

und fliegen
die tage die jahre
vorbei

so sind es
frieden und wissen
liebe und licht

die da wachsen
in mir

gleich flammen

gleich flammen
fallen tränen
in zitternde see

weit wehen

weit wehen
wird deine asche
im wind

leben

die flamme brennt
die flamme wird erlöschen

la mort

la mort

très calme

comme le glissement

d'une barque sur l'eau

vielleicht

unser aller wunsch

ein hinübergleiten ins licht

still und friedlich

nach einem leben

in raserei

tausend tränen

tausend tränen
stürzen zur erde

tausend tränen
tanzen empor

in meinem herzen

in meinem herzen
schlagen zwei uhren

die zeiger der einen
schreiten voran
dem morgen entgegen

doch der schlag der anderen
fällt zurück
zum ursprung meines herzens

die lebenden

nur die lebenden
weinen
um die toten

und
die sterbenden?

so legte ich mich hin

so

legte ich mich hin

und starb

den süßen tod

des lebens

zitternd zuckend

zitternd zuckend
am morgen

schreiend
im zenit des sonn

ein weinen am abend
in weiche kissen

dieses jenes
und anderes leben

april

steigt meine seele
die stufen zur ewigkeit hinab
fällt mein herz
die endlosen himmel empor

funken stieben von den rändern
mein körper löst sich sterbend auf
im leisen rauschen dieses letzten regens
der auf die frühlingserde fällt

so geschehen wunder
immer wieder

oh begrabt ihn!

oh begrabt ihn
in den weinenden feldern
dieses abends

wo

schwarze schwingen
ewig schlagen

hörst du?

hörst du die regen wispern?
sie singen in deinen ohren
wir sind! singen sie
sie singen in dir

hörst du den sturm
wie er braust übers land
kälte bläst er in gesicht und hand
du fühlst sie nicht

hörst du das meer
wie es rauscht
in den blättern der pappeln über dir?
du hörst es nicht mehr

und deine stimme?
sie schweigt für immer

für ma

heute
weinen die himmel tränen
in dein noch wartendes grab

morgen
kehrt dein körper zurück
in mutter erde

werden unsere seelen
sich wiederfinden
singend und träumend
dort?

tränen

es gibt augenblicke
da siehst du hörst du
die sterne

erinnerst du dich?
du weißt worüber du weinst
es ist der tod deiner mutter
es ist dein eigener tod

tod

wieviele nächte weinten wir
um unseren tod

der nicht sein wird
nicht war
noch ist

ende und anfang

wo ein ende ist
da ist auch ein neuer anfang

wo ein anfang ist
da war ein ende

senkt!

senkt meinen körper
in singende erde
lasst wasser trinken
meine knochen

wächst empor
zu blühendem lächeln

bin wiese nun
dem liebenden paar
wohne in ihrem lachen

mein sohn

geh hinaus
in die weite der welt

setze fort
das werk deiner väter
nimm mit die wärme
aus den leibern deiner mütter

führe das licht
in das dunkel der welt

alle jahre

alle jahre
ging ich besuchen
mein grab

dann
- eine neue zeit brach an -
stand ich auf
und mit mir all die toten

drei tore

drei tore führen ins nichts

das erste heißt tod
das zweite wiedergeburt
das dritte ist ohne namen

nenne es ewigkeit

DAS RAUSCHEN DER MEERE
DER LEERE

oh wald

oh wald

meine seele

rauscht

ein wenig

ein wenig wind nur
und das rauschen der bäume
hüllt dich ein

ein wind ein wind

ein wind ein w i n d !

das rauschen der blätter der bäume
in der stadt
irgendwo rollt eine dose
über die straße

er hebt die arme empor
fliege denkt er dem sonn entgegen

denn leben ist frühling

du und der wind

sich biegen
wenn du stehst
mit geschlossenem mund
in seinen böen

und fliegen
wenn du gehst
mit ausgebreiteten armen
auf seinen flügeln

erdenwinde

das lachen meiner seele
im wind

das singen meiner stimme
im sturm

sanft
schlagen die schwingen

empor
der geist
empor

es war mein herz

es war mein herz
das schlug
im sturm

einfall

milde und sturm

sturm und milde

ergriffen mein herz

und empor mein geist empor

laubrausch

das rauschen des laubes
das rauschen des laubes im wind
das rauschen in meiner seele
das sich wandelt zum lied

ich singe

yin yang

das zentrum des sturmes
ist stille

und in den stillen wassern
warten tobende stürme

und stille
folgt dem sturm

und sturm
folgt der stille

er war zurückgekehrt

wieder sah er empor zu den sternen
wieder betrat er die ufer der meere
wieder kehrte er zurück in den wald

der wald - das meer - das meer der sterne

ja

e r   w a r   z u r ü c k g e k e h r t

drei meere und du

das rauschen des meeres
des blättermeeres?
das rauschen der bäume im sturm!

du stehst am weiten
weißen strand menschenleer
irgendetwas ist geschehen
die brandung vor dir

das schweigen des endlosen meeres
du stehst noch immer am rand
auf einer insel
erde genannt
s t i l l e

Über dir funkeln die sterne
die schwärze ruft ihr kind

das nichtgeräusch

das nichtgeräusch

im rauschen

das dich den feind

mir verrät

satori

kehre zurück
in die große leere
die in dir schlummert
seit anbeginn

wirf ab
ICH ICH ICH
wirf ab
und
werde eins

leere

alles fließt aus ihr
alles kehrt in sie zurück

alles

ist

leere

nur leere

nur leere
füllt
die leere

das rauschen

das rauschen

in

den

b ä u m e n

AUSKLANG

sieht du nicht

dass der gelbe fluss im himmel beginnt

im meer endet

und nie mehr umkehrt?

a chinese ghost story

dieses unser leben

wem kann ich es vergleichen?

dem spiegelbild der mondin

in einem tropfen tau

glitzernd am schnabel der wilden ente

dogen

die ente fliegt auf

der tropfen fällt

der spiegel bricht

wo bist du?

nitzsche

wenn du auslöschst

sinn und ton

was hörst du dann?

zen koan

Inspiration waren Eingebungen, Erlebnisse, Texte anderer Autoren und Filme, im Speziellen bei folgenden Titeln:

und es fiel licht: inspiriert von Thea von Trainer-Graumann: SPIEGELUNGEN
nada brahma: inspiriert von der Sendung NADA BRAHMA
manchmal: inspiriert von Uwe Jungfer: MANCHMAL
la mort: Titel aus einer frz. Illustrierten
die lebenden: zum Film: Jacob's Ladder

Informationen für Titelgrafik, Einleitung und Zitate entnahm ich den hier angegebenen Büchern und Filmen:

Berendt, E.-J. 1985: Nada Brahma. Die Welt ist Klang. - Rowohlt, Reinbek.
A chinese ghost story 1987: Kung Fu: Verführung aus dem Reich der Toten. - Hongkong.
Lexikon der östlichen Weisheitslehren 1986: Buddhismus, Hinduismus, Taoismus, Zen. - Scherz, Bern, München, Wien.
Miers, H. E. 1986: Lexikon des Geheimwissens. Vermehrte Ausgabe. - Goldmann, München.
Musashi, M. 1983: Das Buch der fünf Ringe. - Droemer-Knaur, München
Seiler, P. 1915: Auslese. Gedichte. - E. Hoene, Forst

Lyrik

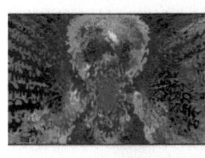

Ewig sein in Stille. Meditative Lyrik. 2. überarbeitete Auflage, 124 Seiten, ISBN 9783741261312 und E-Book. Rainar Nitzsche / Berthold Mallmann. 1. Auflage nummeriert, handsigniert, limitiert auf 50 Exemplare, 120 Seiten mit 21 Grafiken, ISBN 9783930304264.

Klang über den Meeren der Zeit. Nummeriert, handsigniert, limitiert auf 313 Exemplare, 72 Seiten mit 31 Grafiken, 26 Gedichten, ISBN 9783930304073.

OM oder Das Rauschen der scheinbaren Leere. Meditative Lyrik. Nummeriert, handsigniert, limitiert auf 316 Exemplare, 80 Seiten, ISBN 9783930304028 und vorliegendes Taschenbuch bzw. E-Book.

wir ... menschen der erde. Reprint der ersten vergriffenen Auflage, 128 Seiten, ISBN 9783744818629 und E-Book.

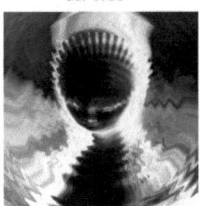

Die Zeit der Bäume. Nummeriert, handsigniert, limitiert auf 304 Exemplare, 60 Seiten mit 23 Grafiken und 26 Gedichten, ISBN 9783980210249.

Mehr Infos und Links zum Reinschauen auf der Homepage: www.nitzscheverlag.de

Die Pfadwelten - Trilogie

Die fantastische Reise von Manfred, einem Magier ohne Zauberstab und Zaubersprüche, doch mit einem Schwert, das erscheint, wenn es gebraucht wird, und mit der Fähigkeit sich in andere Lebewesen zu verwandeln. Sein Weg durch die Bioregionen der Erde auf der Suche nach seiner großen Liebe im Kampf mit seinem Widersacher, einem uralten unsterblichen schwarzen Wesen aus der Welt T-Her.

Der Leuchtende Pfad des Magiers. PFAD 1, 186 Seiten, handsigniert, nummeriert, limitiert auf 207 Exemplare, ISBN 9783930304035 sowie Neuauflage als Taschenbuch und E-Book.

Wandlungen der Drei. PFAD 2. 194 Seiten, handsigniert, nummeriert: 50 Exemplare, ISBN 9783930304134 sowie Neuauflage als Taschenbuch und E-Book.

Wüsten-Berges-Himmels-Weiten. PFAD 3, 180 Seiten, handsigniert, nummeriert, limitiert auf 50 Exemplare, ISBN 9783930304172 sowie Neuauflage als Taschenbuch und E-Book.

Die Pfadwelten Band 4 - Kosmos und Einswerden

Seelenreisen von Menschen- und Arachnoiden, ES, Katzen und eines Schneckenwesens durch Raum und Zeit bis zur Vereinigung der Sieben und zur Erleuchtung.

Ins All - Im Eins. PFAD 4. 208 Seiten, handsigniert, nummeriert, limitiert auf 50 Exemplare, ISBN 9783930304141 sowie Neuauflage als Taschenbuch und E-Book.

Die Pfadwelten - Titel von Alexa E. Bach

Der Schneckenkönig. Auf der Suche nach der großen Liebe und seinen Untertanen begegnet der Schneckenkönig den wunderlichsten Wesen, wie den Buntlingen und lebendigen Spielfiguren in einer Welt ohne Menschen und andere Wirbeltiere, beherrscht von Ameisenvölkern. 76 Seiten, ISBN 9783842355873 und E-Book.

Fantastische Kurzprosa

Die MONDIN-»Trilogie« - Vollmondnacht

Ruf der Mondin. Lieder der Nacht. 62 Seiten, ISBN 9783980210256 sowie als E-Book erhältlich.

Im Licht der Vollen Mondin. 132 Seiten, ISBN 9783930304042 sowie als E-Book erhältlich.

Mondin-Schein und Sein. 176 Seiten, ISBN 9783930304127 und als E-Book erhältlich.

Drei Themenbände: Tag, Spiegel, Kosmos

ATON Vater Sonn. Taggeschichten. 184 Seiten, 50 handsignierte, nummerierte und weitere Exemplare, ISBN 9783930304097 sowie als E-Book erhältlich.

Spiegelwelten deiner Seele. Spiegelgeschichten. 125 Seiten, 2. überarbeitete Auflage ISBN 9783741252006 und als E-Book erhältlich. 1. Auflage: 50 handsignierte, nummerierte Exemplare, ISBN 9783930304271.

Still riefen uns die Sterne. Kosmische Geschichten, 164 Seiten, 50 handsignierte, nummerierte und weitere Exemplare, ISBN 9783930304295 sowie als E-Book erhältlich.

Erleuchtung, Dämonen, Spinnenträume

Von Engeln, Erleuchtung und Ewigkeit. Meditative Kurzprosa. 3. überarbeitete Auflage, 149 Seiten, ISBN 9783741266621 und E-Book. Rainar Nitzsche / Harald Fuchs, 2. Auflage, 144 Seiten, ISBN 9783930304783.

Das Schlafende steht auf aus Seinen Träumen. Fantastische Kurzprosa mit dem Gemälde der Mona Lisa, eigenen Fotocollagen und Fotos - alles effektvoll verändert, Vampire, Fabelwesen, Parallelwelten, 122 Texte, 30 Abbildungen, 204 Seiten, ISBN 9783930304776.

Spinnentraumgespinste. Spinnenträume und Spinnenbegegnungen. Mit über 80 verfremdeten Fotos sowie Grafik vom Verfasser. 2. überarbeitete Auflage. 164 Seiten, ISBN 9783930304707.

Anthologie

Märchens Geschichte. Neue Phantastik- und Horrorgeschichten. 63 Storys, 27 Autoren, 220 Seiten, ISBN 9783930304011.

Olaf Olsen

Dreimal Horror kurz und schmerzhaft mit Illustrationen von Rainar Nitzsche.

Olaf Olsen

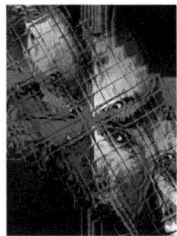

Die Meere
des Wahnsinns

Die Meere des Wahnsinns. Wenn sich die Grenzen verschieben. Nummeriert, handsigniert, limitiert auf 50 Exemplare, 78 Seiten, ISBN 9783930304301 sowie als E-Book erhältlich.

Höllen-Fahrten-Leben-Träume. Nummeriert, handsigniert, limitiert auf 50 Ex., 156 Seiten, ISBN 9783930304318 sowie als E-Book erhältlich.

ES bricht hervor aus dir. Nummeriert, handsigniert, limitiert auf 50 Exemplare, 106 Seiten, ISBN 9783930304493 sowie als E-Book erhältlich.

Mehr Infos und Links zum Reinschauen auf der Homepage: www.nitzscheverlag.de